PRÉFACE

La collection de guides de conversation "Tout ira bien!", publié par T&P Books, est conçue pour les gens qui voyagent par affaire ou par plaisir. Les guides de conversations contiennent le plus important - l'essentiel pour la communication de base. Il s'agit d'une série indispensable de phrases pour survivre à l'étranger.

Ce guide de conversation vous aidera dans la plupart des cas où vous devez demander quelque chose, trouver une direction, découvrir le prix d'un souvenir, etc. Il peut aussi résoudre des situations de communication difficile lorsque la gesticulation n'aide pas.

Ce livre contient beaucoup de phrases qui ont été groupées par thèmes. Vous trouverez aussi un mini dictionnaire avec des mots utiles - les nombres, le temps, le calendrier, les couleurs...

Emmenez avec vous un guide de conversation "Tout ira bien!" sur la route et vous aurez un compagnon de voyage irremplaçable qui vous aidera à vous sortir de toutes les situations et vous enseignera à ne pas avoir peur de parler aux étrangers.

TABLE DES MATIÈRES

Prononciation 5
Liste des abréviations 7
Guide de conversation Français-Espagnol 9
Mini dictionnaire 73

T&P Books Publishing

T&P Books Publishing

GUIDE DE CONVERSATION

— ESPAGNOL —

LES PHRASES LES PLUS UTILES

Ce guide de conversation contient les phrases et les questions les plus communes et nécessaires pour communiquer avec des étrangers

Par Andrey Taranov

T&P BOOKS

Guide de conversation + dictionnaire de 250 mots

Guide de conversation Français-Espagnol et mini dictionnaire de 250 mots

Par Andrey Taranov

La collection de guides de conversation "Tout ira bien!", publiée par T&P Books, est conçue pour les gens qui voyagent par affaire ou par plaisir. Les guides contiennent l'essentiel pour la communication de base. Il s'agit d'une série indispensable de phrases pour "survivre" à l'étranger.

Vous trouverez aussi un mini dictionnaire de 250 mots utiles, nécessaire à la communication quotidienne - le nom des mois, des jours, les unités de mesure, les membres de la famille, et plus encore.

T&P Books Publishing
www.tpbooks.com

ISBN: 978-1-78492-523-9

Ce livre existe également en format électronique.
Pour plus d'informations, veuillez consulter notre site: www.tpbooks.com
ou rendez-vous sur ceux des grandes librairies en ligne.

PRONONCIATION

Alphabet phonétique T&P	Exemple en espagnol	Exemple en français
[a]	grado	classe
[e]	mermelada	équipe
[i]	física	stylo
[o]	tomo	normal
[u]	cubierta	boulevard
[b]	baño, volar	bureau
[β]	abeja	sardinian - paba
[d]	dicho	document
[ð]	tirada	consonne fricative dentale voisée
[f]	flauta	formule
[ʤ]	azerbaidzhano	adjoint
[g]	gorro	gris
[ɣ]	negro	g espagnol - amigo, magnífico
[j]	botella	maillot
[k]	tabaco	bocal
[l]	arqueólogo	vélo
ʎ	novela	largeur
[m]	mosaico	minéral
ɱ	confitura	[m] nasale
[n]	camino	ananas
[ŋ]	blanco	parking
[p]	zapatero	panama
[r]	sabroso	racine, rouge
[s]	asesor	syndicat
[θ]	lápiz	consonne fricative dentale sourde
[t]	estatua	tennis
[ʧ]	lechuza	match
[v]	Kiev	rivière
[x]	dirigir	scots - nicht, allemand - Dach
[z]	esgrima	gazeuse

Alphabet phonétique T&P	Exemple en espagnol	Exemple en français
[ʃ]	**sheriff**	chariot
[w]	**whisky**	iguane
[']	[re'loχ]	accent primaire
[·]	[aβre·'lʲatas]	point médian

LISTE DES ABRÉVIATIONS

Abréviations en français

adj	-	adjective
adv	-	adverbe
anim.	-	animé
conj	-	conjonction
dénombr.	-	dénombrable
etc.	-	et cetera
f	-	nom féminin
f pl	-	féminin pluriel
fam.	-	familiar
fem.	-	féminin
form.	-	formal
inanim.	-	inanimé
indénombr.	-	indénombrable
m	-	nom masculin
m pl	-	masculin pluriel
m, f	-	masculin, féminin
masc.	-	masculin
math	-	mathematics
mil.	-	militaire
pl	-	pluriel
prep	-	préposition
pron	-	pronom
qch	-	quelque chose
qn	-	quelqu'un
sing.	-	singulier
v aux	-	verbe auxiliaire
v imp	-	verbe impersonnel
vi	-	verbe intransitif
vi, vt	-	verbe intransitif, transitif
vp	-	verbe pronominal
vt	-	verbe transitif

Abréviations en espagnol

adj	-	adjective
adv	-	adverbe

f	-	nom féminin
f pl	-	féminin pluriel
fam.	-	familiar
m	-	nom masculin
m pl	-	masculin pluriel
m, f	-	masculin, féminin
n	-	neutre
pl	-	pluriel
v aux	-	verbe auxiliaire
vi	-	verbe intransitif
vi, vt	-	verbe intransitif, transitif
vr	-	verbe pronominal réfléchi
vt	-	verbe transitif

T&P BOOKS

GUIDE DE CONVERSATION ESPAGNOL

Cette section contient
des phrases importantes
qui peuvent être utiles dans
des situations courantes.
Le guide vous aidera
à demander des directions,
clarifier le prix, acheter
des billets et commander
des plats au restaurant

T&P Books Publishing

CONTENU DU GUIDE DE CONVERSATION

Les essentiels	12
Questions	15
Besoins	16
Comment demander la direction	18
Affiches, Pancartes	20
Transport - Phrases générales	22
Acheter un billet	24
L'autobus	26
Train	28
Sur le train - Dialogue (Pas de billet)	29
Taxi	30
Hôtel	32
Restaurant	35
Shopping. Faire les Magasins	37
En ville	39
L'argent	41

Le temps   43
Salutations - Introductions   45
Les adieux   47
Une langue étrangère   49
Les excuses   50
Les accords   51
Refus, exprimer le doute   52
Exprimer la gratitude   54
Félicitations. Vœux de fête   55
Socialiser   56
Partager des impressions. Émotions   59
Problèmes. Accidents   61
Problèmes de santé   64
À la pharmacie   67
Les essentiels   69

T&P Books Publishing

Excusez-moi, ...	**Perdone, ...** [per'ðone, ...]
Bonjour	**Hola.** [ola]
Merci	**Gracias.** [graθjas]
Au revoir	**Adiós.** [a'ðjos]
Oui	**Sí.** [si]
Non	**No.** [no]
Je ne sais pas.	**No lo sé.** [no lo 'se]
Où? (~ es-tu?) | Où? (~ vas-tu?) | Quand?	**¿Dónde? | ¿A dónde? | ¿Cuándo?** [donde? | a 'donde? | ku'ando?]

J'ai besoin de ...	**Necesito ...** [neθe'sito ...]
Je veux ...	**Quiero ...** [kjero ...]
Avez-vous ... ?	**¿Tiene ...?** [tjene ...?]
Est-ce qu'il y a ... ici?	**¿Hay ... por aquí?** [aj ... por a'ki?]
Puis-je ... ?	**¿Puedo ...?** [pu'eðo ...?]
s'il vous plaît (pour une demande)	**..., por favor** [..., por fa'βor]

Je cherche ...	**Busco ...** [busko ...]
les toilettes	**el servicio** [elʲ ser'βiθjo]
un distributeur	**un cajero** [un ka'xero]
une pharmacie	**una farmacia** [una far'maθja]
l'hôpital	**el hospital** [elʲ ospi'talʲ]
le commissariat de police	**la comisaría** [lʲa komisa'ria]
une station de métro	**el metro** [elʲ 'metro]

un taxi	**un taxi** [un 'taksi]
la gare	**la estación de tren** [lʲa esta'θjon de tren]

Je m'appelle …	**Me llamo …** [me 'jamo …]
Comment vous appelez-vous?	**¿Cómo se llama?** [komo se 'jama?]
Aidez-moi, s'il vous plaît.	**¿Puede ayudarme, por favor?** [pu'eðe aju'ðarme, por fa'βor?]
J'ai un problème.	**Tengo un problema.** [tengo un pro'βlema]
Je ne me sens pas bien.	**Me encuentro mal.** [me eŋku'entro malʲ]
Appelez une ambulance!	**¡Llame a la ambulancia!** [jame a la ambu'lanθja!]
Puis-je faire un appel?	**¿Puedo llamar, por favor?** [pu'eðo ja'mar, por fa'βor?]

Excusez-moi.	**Lo siento.** [lo 'sjento]
Je vous en prie.	**De nada.** [ðe 'naða]

je, moi	**Yo** [jo]
tu, toi	**tú** [tu]
il	**él** [elʲ]
elle	**ella** [eja]
ils	**ellos** [ejos]
elles	**ellas** [ejas]
nous	**nosotros** [no'sotros]
vous	**ustedes | vosotros** [us'teðes | bo'sotros]
Vous	**usted** [us'teð]

ENTRÉE	**ENTRADA** [en'traða]
SORTIE	**SALIDA** [sa'liða]
HORS SERVICE | EN PANNE	**FUERA DE SERVICIO** [fu'era de ser'βiθjo]
FERMÉ	**CERRADO** [θe'raðo]

OUVERT	**ABIERTO** [a'βjerto]
POUR LES FEMMES	**PARA SEÑORAS** [para se'njoras]
POUR LES HOMMES	**PARA CABALLEROS** [para kaβa'jeros]

Questions

Où? (lieu)	**¿Dónde?** [donde?]
Où? (direction)	**¿A dónde?** [a 'donde?]
D'où?	**¿De dónde?** [de 'donde?]
Pourquoi?	**¿Por qué?** [por 'ke?]
Pour quelle raison?	**¿Con que razón?** [kon ke ra'θon?]
Quand?	**¿Cuándo?** [ku'ando?]
Combien de temps?	**¿Cuánto tiempo?** [ku'anto 'tjempo?]
À quelle heure?	**¿A qué hora?** [a ke 'ora?]
C'est combien?	**¿Cuánto?** [ku'anto?]
Avez-vous … ?	**¿Tiene …?** [tjene …?]
Où est …, s'il vous plaît?	**¿Dónde está …?** [donde es'ta …?]
Quelle heure est-il?	**¿Qué hora es?** [ke 'ora es?]
Puis-je faire un appel?	**¿Puedo llamar, por favor?** [pu'eðo ja'mar, por fa'βor?]
Qui est là?	**¿Quién es?** [kjen es?]
Puis-je fumer ici?	**¿Se puede fumar aquí?** [se pu'eðe fu'mar a'ki?]
Puis-je …?	**¿Puedo …?** [pu'eðo …?]

Besoins

Je voudrais ...	**Quisiera ...** [ki'sjera ...]
Je ne veux pas ...	**No quiero ...** [no 'kjero ...]
J'ai soif.	**Tengo sed.** [tengo seð]
Je veux dormir.	**Tengo sueño.** [tengo su'enjo]
Je veux ...	**Quiero ...** [kjero ...]
me laver	**lavarme** [lʲa'βarme]
brosser mes dents	**cepillarme los dientes** [θepi'jarme los 'djentes]
me reposer un instant	**descansar un poco** [deskan'sar un 'poko]
changer de vêtements	**cambiarme de ropa** [kam'bjarme de 'ropa]
retourner à l'hôtel	**volver al hotel** [bolʲ'βer alʲ o'telʲ]
acheter ...	**comprar ...** [kom'prar ...]
aller à ...	**ir a ...** [ir a ...]
visiter ...	**visitar ...** [bisi'tar ...]
rencontrer ...	**quedar con ...** [ke'ðar kon ...]
faire un appel	**hacer una llamada** [a'θer un ja'maða]
Je suis fatigué /fatiguée/	**Estoy cansado /cansada/.** [es'toj kan'saðo /kan'saða/]
Nous sommes fatigués /fatiguées/	**Estamos cansados /cansadas/.** [es'tamos kan'saðos /kan'saðas/]
J'ai froid.	**Tengo frío.** [tengo 'frio]
J'ai chaud.	**Tengo calor.** [tengo ka'lor]
Je suis bien.	**Estoy bien.** [es'toj bjen]

Il me faut faire un appel.

Tengo que hacer una llamada.
[tengo ke a'θer 'una ja'maða]

J'ai besoin d'aller aux toilettes.

Necesito ir al servicio.
[neθe'sito ir alʲ ser'βiθjo]

Il faut que j'aille.

Me tengo que ir.
[me 'tengo ke ir]

Je dois partir maintenant.

Me tengo que ir ahora.
[me 'tengo ke ir a'ora]

Comment demander la direction

Excusez-moi, …	**Perdone, …** [per'ðone, …]
Où est …, s'il vous plaît?	**¿Dónde está …?** [donde es'ta …?]
Dans quelle direction est … ?	**¿Por dónde está …?** [por 'donde es'ta …?]
Pouvez-vous m'aider, s'il vous plaît ?	**¿Puede ayudarme, por favor?** [pu'eðe aju'ðarme, por fa'βor?]

Je cherche …	**Busco …** [busko …]
La sortie, s'il vous plaît?	**Busco la salida.** [busko lʲa sa'liða]
Je vais à …	**Voy a …** [boj a …]
C'est la bonne direction pour …?	**¿Voy bien para …?** [boj 'bjen 'para …?]

C'est loin?	**¿Está lejos?** [es'ta 'leχos?]
Est-ce que je peux y aller à pied?	**¿Puedo llegar a pie?** [pu'eðo je'ɣar a pje?]
Pouvez-vous me le montrer sur la carte?	**¿Puede mostrarme en el mapa?** [pu'eðe mos'trarme en elʲ 'mapa?]
Montrez-moi où sommes-nous, s'il vous plaît.	**Por favor muestreme dónde estamos.** [por fa'βor, mu'estreme 'donde es'tamos]

Ici	**Aquí** [a'ki]
Là-bas	**Allí** [a'ji]
Par ici	**Por aquí** [por a'ki]

Tournez à droite.	**Gire a la derecha.** [χire a lʲa de'retʃa]
Tournez à gauche.	**Gire a la izquierda.** [χire a lʲa iθ'kjerða]
Prenez la première (deuxième, troisième) rue.	**la primera (segunda, tercera) calle** [lʲa pri'mera (se'ɣunda, ter'θera) 'kaje]
à droite	**a la derecha** [a lʲa de'retʃa]

à gauche

a la izquierda
[a lʲa iθˈkjerða]

Continuez tout droit.

Siga recto.
[siɣa ˈrekto]

Affiches, Pancartes

BIENVENUE!	**¡BIENVENIDO!** [bjembe'niðo!]
ENTRÉE	**ENTRADA** [en'traða]
SORTIE	**SALIDA** [sa'liða]
POUSSEZ	**EMPUJAR** [empu'χar]
TIREZ	**TIRAR** [ti'rar]
OUVERT	**ABIERTO** [a'βjerto]
FERMÉ	**CERRADO** [θe'raðo]
POUR LES FEMMES	**PARA SEÑORAS** [para se'njoras]
POUR LES HOMMES	**PARA CABALLEROS** [para kaβa'jeros]
MESSIEURS	**CABALLEROS** [kaβa'jeros]
FEMMES	**SEÑORAS** [se'njoras]
RABAIS | SOLDES	**REBAJAS** [re'βaχas]
PROMOTION	**VENTA** [benta]
GRATUIT	**GRATIS** ['gratis]
NOUVEAU!	**¡NUEVO!** [nu'eβo!]
ATTENTION!	**¡ATENCIÓN!** [aten'θjon!]
COMPLET	**COMPLETO** [kom'pleto]
RÉSERVÉ	**RESERVADO** [reser'βaðo]
ADMINISTRATION	**ADMINISTRACIÓN** [aðministra'θjon]
PERSONNEL SEULEMENT	**SÓLO PERSONAL AUTORIZADO** [solo perso'nal autori'θaðo]

ATTENTION AU CHIEN!

CUIDADO CON EL PERRO
[kui'ðaðo kon elʲ 'pero]

NE PAS FUMER!

NO FUMAR
[no fu'mar]

NE PAS TOUCHER!

NO TOCAR
[no to'kar]

DANGEREUX

PELIGROSO
[peli'ɣroso]

DANGER

PELIGRO
[pe'liɣro]

HAUTE TENSION

ALTA TENSIÓN
[alʲta ten'θjon]

BAIGNADE INTERDITE!

PROHIBIDO BAÑARSE
[proi'βiðo ba'njarse]

HORS SERVICE | EN PANNE

FUERA DE SERVICIO
[fu'era de ser'βiθjo]

INFLAMMABLE

INFLAMABLE
[iɱfla'maβle]

INTERDIT

PROHIBIDO
[proi'βiðo]

ENTRÉE INTERDITE!

PROHIBIDO EL PASO
[proi'βiðo elʲ 'paso]

PEINTURE FRAÎCHE

RECIÉN PINTADO
[re'θjen pin'taðo]

FERMÉ POUR TRAVAUX

CERRADO POR RENOVACIÓN
[θe'raðo por renoβa'θjon]

TRAVAUX EN COURS

EN OBRAS
[en 'oβras]

DÉVIATION

DESVÍO
[des'βio]

Transport - Phrases générales

avion	**el avión** [elⁱ a'βjon]
train	**el tren** [elⁱ tren]
bus, autobus	**el bus** [elⁱ bus]
ferry	**el ferry** [elⁱ 'feri]
taxi	**el taxi** [elⁱ 'taksi]
voiture	**el coche** [elⁱ 'koʧe]

horaire	**el horario** [elⁱ o'rarjo]
Où puis-je voir l'horaire?	**¿Dónde puedo ver el horario?** [donde pu'eðo ber elⁱ o'rarjo?]
jours ouvrables	**días laborables** [dias laβo'raβles]
jours non ouvrables	**fines de semana** [fines de se'mana]
jours fériés	**días festivos** [dias fes'tiβos]

DÉPART	**SALIDA** [sa'liða]
ARRIVÉE	**LLEGADA** [je'ɣaða]
RETARDÉE	**RETRASADO** [retra'saðo]
ANNULÉE	**CANCELADO** [kanθe'lⁱaðo]

prochain	**siguiente** [si'ɣjente]
premier	**primer** [pri'mer]
dernier	**último** [ulⁱtimo]

À quelle heure est le prochain ...?	**¿Cuándo pasa el siguiente ...?** [ku'ando 'pasa elⁱ si'ɣjente ...?]
À quelle heure est le premier ...?	**¿Cuándo pasa el primer ...?** [ku'ando 'pasa elⁱ pri'mer ...?]

À quelle heure est le dernier ...?

¿Cuándo pasa el último ...?
[ku'ando 'pasa elʲ 'ulʲtimo ...?]

correspondance

el trasbordo
[elʲ tras'βorðo]

prendre la correspondance

hacer un trasbordo
[a'θer un tras'βorðo]

Dois-je prendre la correspondance?

¿Tengo que hacer un trasbordo?
[tengo ke a'θer un tras'βorðo?]

Acheter un billet

Où puis-je acheter des billets?	**¿Dónde puedo comprar un billete?** [donde pu'eðo komp'rar un bi'jete?]
billet	**el billete** [elʲ bi'jete]
acheter un billet	**comprar un billete** [kom'prar un bi'jete]
le prix d'un billet	**precio del billete** [preθjo delʲ bi'jete]

Pour aller où?	**¿Para dónde?** [para 'donde?]
Quelle destination?	**¿A qué estación?** [a ke esta'θjon?]
Je voudrais …	**Necesito …** [neθe'sito …]
un billet	**un billete** [un bi'jete]
deux billets	**dos billetes** [dos bi'jetes]
trois billets	**tres billetes** [tres bi'jetes]

aller simple	**sólo ida** [solo 'iða]
aller-retour	**ida y vuelta** [iða i bu'elʲta]
première classe	**en primera** [en pri'mera]
classe économique	**en segunda** [en se'ɣunda]

aujourd'hui	**hoy** [oj]
demain	**mañana** [ma'njana]
après-demain	**pasado mañana** [pa'saðo ma'njana]
dans la matinée	**por la mañana** [por lʲa ma'njana]
l'après-midi	**por la tarde** [por lʲa 'tarðe]
dans la soirée	**por la noche** [por lʲa 'notʃe]

siège côté couloir

asiento de pasillo
[a'sjento de pa'sijo]

siège côté fenêtre

asiento de ventanilla
[a'sjento de benta'nija]

C'est combien?

¿Cuánto cuesta?
[ku'anto ku'esta?]

Puis-je payer avec la carte?

¿Puedo pagar con tarjeta?
[pu'eðo pa'ɣar kon tar'xeta?]

L'autobus

bus, autobus	**el autobús** [elʲ auto'βus]
autocar	**el autobús interurbano** [elʲ auto'βus interur'βano]
arrêt d'autobus	**la parada de autobús** [lʲa pa'raða de auto'βus]
Où est l'arrêt d'autobus le plus proche?	**¿Dónde está la parada de autobuses más cercana?** [donde es'ta lʲa pa'raða de auto'βuses mas θer'kana?]

numéro	**número** [numero]
Quel bus dois-je prendre pour aller à …?	**¿Qué autobús tengo que tomar para …?** [ke auto'βus 'tengo ke to'mar 'para …?]
Est-ce que ce bus va à …?	**¿Este autobús va a …?** [este auto'βus 'ba a …?]
L'autobus passe tous les combien?	**¿Cada cuanto pasa el autobús?** [kaða ku'anto 'pasa elʲ auto'βus?]

chaque quart d'heure	**cada quince minutos** [kaða 'kinθe mi'nutos]
chaque demi-heure	**cada media hora** [kaða 'meðja 'ora]
chaque heure	**cada hora** [kaða 'ora]
plusieurs fois par jour	**varias veces al día** [barjas 'beθes alʲ 'dia]
… fois par jour	**… veces al día** [… 'beθes alʲ 'dia]

horaire	**el horario** [elʲ o'rarjo]
Où puis-je voir l'horaire?	**¿Dónde puedo ver el horario?** [donde pu'eðo ber elʲ o'rarjo?]
À quelle heure passe le prochain bus?	**¿Cuándo pasa el siguiente autobús?** [ku'ando 'pasa elʲ si'ɣjente auto'βus?]
À quelle heure passe le premier bus?	**¿Cuándo pasa el primer autobús?** [ku'ando 'pasa elʲ pri'mer auto'βus?]
À quelle heure passe le dernier bus?	**¿Cuándo pasa el último autobús?** [ku'ando 'pasa elʲ 'ulʲtimo auto'βus?]

arrêt	**la parada** [lˠa paˈraða]
prochain arrêt	**la siguiente parada** [lˠa siˈɣjente paˈraða]
terminus	**la última parada** [lˠa ˈulˠtima paˈraða]
Pouvez-vous arrêter ici, s'il vous plaît.	**Pare aquí, por favor.** [pare aˈki, por faˈβor]
Excusez-moi, c'est mon arrêt.	**Perdone, esta es mi parada.** [perˈðone, ˈesta es mi paˈraða]

Train

train	**el tren** [elʲ tren]
train de banlieue	**el tren de cercanías** [elʲ tren de θerka'nias]
train de grande ligne	**el tren de larga distancia** [elʲ tren de 'larɣa dis'tanθja]
la gare	**la estación de tren** [lʲa esta'θjon de tren]
Excusez-moi, où est la sortie vers les quais?	**Perdone, ¿dónde está la salida al anden?** [per'ðone, 'donde es'ta lʲa sa'liða alʲ 'anden?]

Est-ce que ce train va à ...?	**¿Este tren va a ...?** [este tren 'ba a ...?]
le prochain train	**el siguiente tren** [elʲ si'ɣjente tren]
À quelle heure est le prochain train?	**¿Cuándo pasa el siguiente tren?** [ku'ando 'pasa elʲ si'ɣjente tren?]
Où puis-je voir l'horaire?	**¿Dónde puedo ver el horario?** [donde pu'eðo ber elʲ o'rarjo?]
De quel quai?	**¿De qué andén?** [ðe ke an'den?]
À quelle heure arrive le train à ...?	**¿Cuándo llega el tren a ...?** [ku'ando 'jeɣa elʲ tren a ...?]

Pouvez-vous m'aider, s'il vous plaît?	**Ayudeme, por favor.** [a'juðeme, por fa'βor]
Je cherche ma place.	**Busco mi asiento.** [busko mi a'sjento]
Nous cherchons nos places.	**Buscamos nuestros asientos.** [bus'kamos nu'estros a'sjentos]
Ma place est occupée.	**Mi asiento está ocupado.** [mi a'sjento es'ta oku'paðo]
Nos places sont occupées.	**Nuestros asientos están ocupados.** [nu'estros a'sjentos es'tan oku'paðos]

Excusez-moi, mais c'est ma place.	**Perdone, pero ese es mi asiento.** [per'ðone, 'pero 'ese es mi a'sjento]
Est-ce que cette place est libre?	**¿Está libre?** [es'ta 'liβre?]
Puis-je m'asseoir ici?	**¿Puedo sentarme aquí?** [pu'eðo sen'tarme a'ki?]

Sur le train - Dialogue (Pas de billet)

Votre billet, s'il vous plaît.

Su billete, por favor.
[su bi'jete, por fa'βor]

Je n'ai pas de billet.

No tengo billete.
[no 'tengo bi'jete]

J'ai perdu mon billet.

He perdido mi billete.
[e per'ðiðo mi bi'jete]

J'ai oublié mon billet à la maison.

He olvidado mi billete en casa.
[e olʲβi'ðaðo mi bi'jete en 'kasa]

Vous pouvez m'acheter un billet.

Le puedo vender un billete.
[le pu'eðo ben'der un bi'jete]

Vous devrez aussi payer une amende.

También deberá pagar una multa.
[tam'bjen deβe'ra pa'ɣar 'una 'mulʲta]

D'accord.

Vale.
['bale]

Où allez-vous?

¿Adónde va usted?
[a'ðonde ba us'te?]

Je vais à …

Voy a …
[boj a …]

Combien? Je ne comprend pas.

¿Cuánto es? No lo entiendo.
[ku'anto es? no lʲo en'tjendo]

Pouvez-vous l'écrire, s'il vous plaît.

Escríbalo, por favor.
[es'kriβalo, por fa'βor]

D'accord. Puis-je payer avec la carte?

Vale. ¿Puedo pagar con tarjeta?
[bale. pu'eðo pa'ɣar kon tar'χeta?]

Oui, bien sûr.

Sí, puede.
[si, pu'eðe]

Voici votre reçu.

Aquí está su recibo.
[a'ki es'ta su re'θiβo]

Désolé pour l'amende.

Disculpe por la multa.
[dis'kulʲpe por lʲa 'mulʲta]

Ça va. C'est de ma faute.

No pasa nada. Fue culpa mía.
[no 'pasa 'naða. 'fue 'kulʲpa 'mia]

Bon voyage.

Disfrute su viaje.
[dis'frute su 'bjaχe]

Taxi

taxi	**taxi** ['taksi]
chauffeur de taxi	**taxista** [ta'ksista]
prendre un taxi	**coger un taxi** [ko'χer un 'taksi]
arrêt de taxi	**parada de taxi** [pa'raða de 'taksi]
Où puis-je trouver un taxi?	**¿Dónde puedo coger un taxi?** [donde pu'eðo ko'χer un 'taksi?]
appeler un taxi	**llamar a un taxi** [ja'mar a un 'taksi]
Il me faut un taxi.	**Necesito un taxi.** [neθe'sito un 'taksi]
maintenant	**Ahora mismo.** [a'ora 'mismo]
Quelle est votre adresse?	**¿Cuál es su dirección?** [ku'alʲ es su direk'θjon?]
Mon adresse est …	**Mi dirección es …** [mi direk'θjon es …]
Votre destination?	**¿Cuál es el destino?** [ku'alʲ es elʲ des'tino?]
Excusez-moi, …	**Perdone, …** [per'ðone, …]
Vous êtes libre ?	**¿Está libre?** [es'ta 'liβre?]
Combien ça coûte pour aller à …?	**¿Cuánto cuesta ir a …?** [ku'anto ku'esta ir a …?]
Vous savez où ça se trouve?	**¿Sabe usted dónde está?** [saβe us'te 'donde es'ta?]
À l'aéroport, s'il vous plaît.	**Al aeropuerto, por favor.** [alʲ aeropu'erto, por fa'βor]
Arrêtez ici, s'il vous plaît.	**Pare aquí, por favor.** [pare a'ki, por fa'βor]
Ce n'est pas ici.	**No es aquí.** [no es a'ki]
C'est la mauvaise adresse.	**La dirección no es correcta.** [lʲa direk'θjon no es ko'rekta]
tournez à gauche	**Gire a la izquierda.** [χire a lʲa iθ'kjerða]
tournez à droite	**Gire a la derecha.** [χire a lʲa de'retʃa]

Combien je vous dois?	**¿Cuánto le debo?** [ku'anto le 'deβo?]
J'aimerais avoir un reçu, s'il vous plaît.	**¿Me da un recibo, por favor?** [me da un re'θiβo, por fa'βor?]
Gardez la monnaie.	**Quédese con el cambio.** [keðese kon elʲ 'kambjo]

Attendez-moi, s'il vous plaît ...	**Espéreme, por favor.** [es'pereme, por fa'βor]
cinq minutes	**cinco minutos** [θiŋko mi'nutos]
dix minutes	**diez minutos** [ðjeθ mi'nutos]
quinze minutes	**quince minutos** [kinθe mi'nutos]
vingt minutes	**veinte minutos** [bejnte mi'nutos]
une demi-heure	**media hora** [meðja 'ora]

Hôtel

Bonjour.	**Hola.** [ola]
Je m'appelle ...	**Me llamo ...** [me 'jamo ...]
J'ai réservé une chambre.	**Tengo una reserva.** [tengo 'una re'serβa]
Je voudrais ...	**Necesito ...** [neθe'sito ...]
une chambre simple	**una habitación individual** [una aβita'θjon indiβiðu'alʲ]
une chambre double	**una habitación doble** [una aβita'θjon 'doβle]
C'est combien?	**¿Cuánto cuesta?** [ku'anto ku'esta?]
C'est un peu cher.	**Es un poco caro.** [es um 'poko 'karo]
Avez-vous autre chose?	**¿Tiene alguna más?** [tjene alʲ'ɣuna mas?]
Je vais la prendre.	**Me quedo.** [me 'keðo]
Je vais payer comptant.	**Pagaré en efectivo.** [paɣa're en efek'tiβo]
J'ai un problème.	**Tengo un problema.** [tengo un pro'βlema]
Mon ... est cassé.	**Mi ... no funciona.** [mi ... no fuŋk'θjona]
Mon ... ne fonctionne pas.	**Mi ... está fuera de servicio.** [mi ... es'ta fu'era de ser'βiθjo]
télé	**televisión** [teleβi'θjon]
air conditionné	**aire acondicionado** [ajre akondiθjo'naðo]
robinet	**grifo** [grifo]
douche	**ducha** [dutʃa]
évier	**lavabo** [lʲa'βaβo]
coffre-fort	**caja fuerte** [kaχa fu'erte]

serrure de porte	**cerradura** [θera'ðura]
prise électrique	**enchufe** [en'ʧufe]
sèche-cheveux	**secador de pelo** [seka'ðor de 'pelo]

Je n'ai pas …	**No tengo …** [no 'tengo …]
d'eau	**agua** [aɣua]
de lumière	**luz** [lʲuθ]
d'électricité	**electricidad** [elektriθi'ðað]

Pouvez-vous me donner …?	**¿Me puede dar …?** [me pu'eðe dar …?]
une serviette	**una toalla** [una to'aja]
une couverture	**una sábana** [una 'saβana]
des pantoufles	**chanclas** ['ʧaŋklas]
une robe de chambre	**un albornoz** [un alʲ'βornoθ]
du shampoing	**champú** [ʧam'pu]
du savon	**jabón** [xa'βon]

Je voudrais changer ma chambre.	**Quisiera cambiar de habitación.** [ki'sjera kam'bjar de aβita'θjon]
Je ne trouve pas ma clé.	**No puedo encontrar mi llave.** [no pu'eðo eŋkon'trar mi 'jaβe]
Pourriez-vous ouvrir ma chambre, s'il vous plaît?	**Por favor abra mi habitación.** [por fa'βor 'aβra mi aβita'θjon]
Qui est là?	**¿Quién es?** [kjen es?]
Entrez!	**¡Entre!** [entre!]
Une minute!	**¡Un momento!** [un mo'mento!]
Pas maintenant, s'il vous plaît.	**Ahora no, por favor.** [a'ora no, por fa'βor]

Pouvez-vous venir à ma chambre, s'il vous plaît.	**Venga a mi habitación, por favor.** [benga a mi aβita'θjon, por fa'βor]
J'aimerais avoir le service d'étage.	**Quisiera hacer un pedido.** [ki'sjera a'θer un pe'ðiðo]
Mon numéro de chambre est le …	**Mi número de habitación es …** [min 'numero de aβita'θjon es …]

Je pars …

Me voy …
[me boj …]

Nous partons …

Nos vamos …
[nos 'bamos …]

maintenant

Ahora mismo
[a'ora 'mismo]

cet après-midi

esta tarde
[esta 'tarðe]

ce soir

esta noche
[esta 'notʃe]

demain

mañana
[ma'njana]

demain matin

mañana por la mañana
[ma'njana por lʲa ma'njana]

demain après-midi

mañana por la noche
[ma'njana por lʲa 'notʃe]

après-demain

pasado mañana
[pa'saðo ma'njana]

Je voudrais régler mon compte.

Quisiera pagar la cuenta.
[ki'sjera pa'ɣar la ku'enta]

Tout était merveilleux.

Todo ha estado estupendo.
[toðo a es'taðo estu'pendo]

Où puis-je trouver un taxi?

¿Dónde puedo coger un taxi?
[donde pu'eðo ko'χer un 'taksi?]

Pourriez-vous m'appeler un taxi,
s'il vous plaît?

¿Puede llamarme un taxi, por favor?
[pu'eðe ʝa'marme un 'taksi, por fa'βor?]

Restaurant

Puis-je voir le menu, s'il vous plaît?	**¿Puedo ver el menú, por favor?** [pu'eðo ber elʲ me'nu, por fa'βor?]
Une table pour une personne.	**Mesa para uno.** [mesa 'para 'uno]
Nous sommes deux (trois, quatre).	**Somos dos (tres, cuatro).** [somos dos (tres, ku'atro)]

Fumeurs	**Para fumadores** [para fuma'ðores]
Non-fumeurs	**Para no fumadores** [para no fuma'ðores]
S'il vous plaît!	**¡Por favor!** [por fa'βor!]
menu	**la carta, el menú** [lʲa 'karta, elʲ me'nu]
carte des vins	**la carta de vinos** [lʲa 'karta de 'binos]
Le menu, s'il vous plaît.	**La carta, por favor.** [lʲa 'karta, por fa'βor]

Êtes-vous prêts à commander?	**¿Está listo /lista/ para pedir?** [es'ta 'listo /'lista/ 'para pe'ðir?]
Qu'allez-vous prendre?	**¿Qué quieren pedir?** [ke 'kjeren pe'ðir?]
Je vais prendre …	**Yo quiero …** [jo 'kjero …]

Je suis végétarien.	**Soy vegetariano /vegetariana/.** [soj beχeta'rjano /beχeta'rjana/]
viande	**carne** [karne]
poisson	**pescado** [pes'kaðo]
légumes	**verduras** [ber'ðuras]
Avez-vous des plats végétariens?	**¿Tiene platos para vegetarianos?** [tjene 'platos 'para beχeta'rjanos?]
Je ne mange pas de porc.	**No como cerdo.** [no 'komo 'θerðo]
Il /elle/ ne mange pas de viande.	**Él /Ella/ no come carne.** [elʲ /'eja/ no 'kome 'karne]
Je suis allergique à …	**Soy alérgico /alérgica/ a …** [soj a'lerχiko /a'lerχika/ a …]

Pourriez-vous m'apporter …, s'il vous plaît.

¿Me puede traer …, por favor?
[me pu'eðe tra'er, … por fa'βor?]

le sel | le poivre | du sucre

sal | pimienta | azúcar
[salʲ | pi'mjenta | a'θukar]

un café | un thé | un dessert

café | té | postre
[ka'fe | te | 'postre]

de l'eau | gazeuse | plate

agua | con gas | sin gas
[aɣua | kon gas | sin gas]

une cuillère | une fourchette | un couteau

una cuchara | un tenedor | un cuchillo
[una ku'ʧara | un tene'ðor | un ku'ʧijo]

une assiette | une serviette

un plato | una servilleta
[un 'plato | una serβi'jeta]

Bon appétit!

¡Buen provecho!
[bu'en pro'βeʧo!]

Un de plus, s'il vous plaît.

Uno más, por favor.
[uno mas, por fa'βor]

C'était délicieux.

Estaba delicioso.
[es'taβa deli'θjoso]

l'addition | de la monnaie | le pourboire

la cuenta | el cambio | la propina
[lʲa ku'enta | elʲ 'kambio | lʲa pro'pina]

L'addition, s'il vous plaît.

La cuenta, por favor.
[lʲa ku'enta, por fa'βor]

Puis-je payer avec la carte?

¿Puedo pagar con tarjeta?
[pu'eðo pa'ɣar kon tar'χeta?]

Excusez-moi, je crois qu'il y a une erreur ici.

Perdone, aquí hay un error.
[per'ðone, a'ki aj un e'ror]

Shopping. Faire les Magasins

Est-ce que je peux vous aider? | **¿Puedo ayudarle?**
[pu'eðo aju'ðarle?]

Avez-vous … ? | **¿Tiene …?**
[tjene …?]

Je cherche … | **Busco …**
[busko …]

Il me faut … | **Necesito …**
[neθe'sito …]

Je regarde seulement, merci. | **Sólo estoy mirando.**
[solo es'toj mi'rando]

Nous regardons seulement, merci. | **Sólo estamos mirando.**
[solo es'tamos mi'rando]

Je reviendrai plus tard. | **Volveré más tarde.**
[bolⁱβe're mas 'tarðe]

On reviendra plus tard. | **Volveremos más tarde.**
[bolⁱβe'remos mas 'tarðe]

Rabais | Soldes | **descuentos | oferta**
[desku'entos | o'ferta]

Montrez-moi, s'il vous plaît … | **Por favor, enséñeme …**
[por fa'βor, en'senjeme …]

Donnez-moi, s'il vous plaît … | **¿Me puede dar …, por favor?**
[me pu'eðe dar, … por fa'βor?]

Est-ce que je peux l'essayer? | **¿Puedo probarmelo?**
[pueðo pro'βarmelo?]

Excusez-moi, où est la cabine d'essayage? | **Perdone, ¿dónde están los probadores?**
[per'ðone, 'donde es'tan los proβa'ðores?]

Quelle couleur aimeriez-vous? | **¿Qué color le gustaría?**
[ke ko'lor le gusta'ria?]

taille | longueur | **la talla | el largo**
[lⁱa 'taja | elⁱ 'lⁱarɣo]

Est-ce que la taille convient ? | **¿Cómo le queda?**
[komo le 'keða?]

Combien ça coûte? | **¿Cuánto cuesta esto?**
[ku'anto ku'esta 'esto?]

C'est trop cher. | **Es muy caro.**
[es muj 'karo]

Je vais le prendre. | **Me lo llevo.**
[me lo 'jeβo]

Excusez-moi, où est la caisse?	**Perdone, ¿dónde está la caja?** [per'ðone, 'donde es'ta ˡʲa 'kaχa?]
Payerez-vous comptant ou par carte de crédit?	**¿Pagará en efectivo o con tarjeta?** [paɣa'ra en efek'tiβo o kon tar'χeta?]
Comptant | par carte de crédit	**en efectivo | con tarjeta** [en efek'tiβo | kon tar'χeta]

Voulez-vous un reçu?	**¿Quiere el recibo?** [kjere elˡ re'θiβo?]
Oui, s'il vous plaît.	**Sí, por favor.** [si, por fa'βor]
Non, ce n'est pas nécessaire.	**No, gracias.** [no, 'graθjas]
Merci. Bonne journée!	**Gracias. ¡Que tenga un buen día!** [graθjas. ke 'tenga un bu'en 'dia!]

En ville

Excusez-moi, ...	**Perdone, por favor.** [per'ðone, por fa'βor]
Je cherche ...	**Busco ...** [busko ...]
le métro	**el metro** [el^j 'metro]
mon hôtel	**mi hotel** [mi o'tel^j]
le cinéma	**el cine** [el^j 'θine]
un arrêt de taxi	**una parada de taxi** [una pa'raða de 'taksi]

un distributeur	**un cajero** [un ka'χero]
un bureau de change	**una oficina de cambio** [una ofi'θina de 'kambjo]
un café internet	**un cibercafé** [un 'θiβer·ka'fe]
la rue ...	**la calle ...** [l^ja 'kaje ...]
cette place-ci	**este lugar** [este l^ju'ɣar]

Savez-vous où se trouve ...?	**¿Sabe usted dónde está ...?** [saβe us'te 'donde es'ta ...?]
Quelle est cette rue?	**¿Cómo se llama esta calle?** [komo se 'jama 'esta 'kal^je?]
Montrez-moi où sommes-nous, s'il vous plaît.	**Muestreme dónde estamos ahora.** [mu'estreme 'donde es'tamos a'ora]
Est-ce que je peux y aller à pied?	**¿Puedo llegar a pie?** [pu'eðo je'ɣar a pje?]
Avez-vous une carte de la ville?	**¿Tiene un mapa de la ciudad?** [tjene un 'mapa de l^ja θju'ðað?]

C'est combien pour un ticket?	**¿Cuánto cuesta la entrada?** [ku'anto ku'esta l^ja en'traða?]
Est-ce que je peux faire des photos?	**¿Se pueden hacer fotos aquí?** [se pu'eðen a'θer 'fotos a'ki?]
Êtes-vous ouvert?	**¿Está abierto?** [es'ta a'βjerto?]

À quelle heure ouvrez-vous?	**¿A qué hora abren?** [a ke 'ora 'aβren?]
À quelle heure fermez-vous?	**¿A qué hora cierran?** [a ke 'ora 'θjeran?]

L'argent

argent
dinero
[ði'nero]

argent liquide
efectivo
[efek'tiβo]

des billets
billetes
[bi'jetes]

petite monnaie
monedas
[mo'neðas]

l'addition | de la monnaie | le pourboire
la cuenta | el cambio | la propina
[lʲa ku'enta | elʲ 'kambio | lʲa pro'pina]

carte de crédit
la tarjeta de crédito
[lʲa tar'χeta de 'kreðito]

portefeuille
la cartera
[lʲa kar'tera]

acheter
comprar
[kom'prar]

payer
pagar
[pa'ɣar]

amende
la multa
[lʲa 'mulʲta]

gratuit
gratis
['gratis]

Où puis-je acheter … ?
¿Dónde puedo comprar …?
[donde pu'eðo kom'prar …?]

Est-ce que la banque est ouverte en ce moment?
¿Está el banco abierto ahora?
[es'ta elʲ 'baŋko a'βjerta a'ora?]

À quelle heure ouvre-t-elle?
¿A qué hora abre?
[a ke 'ora 'aβre?]

À quelle heure ferme-t-elle?
¿A qué hora cierra?
[a ke 'ora 'θjera?]

C'est combien?
¿Cuánto cuesta?
[ku'anto ku'esta?]

Combien ça coûte?
¿Cuánto cuesta esto?
[ku'anto ku'esta 'esto?]

C'est trop cher.
Es muy caro.
[es muj 'karo]

Excusez-moi, où est la caisse?
Perdone, ¿dónde está la caja?
[per'ðone, 'donde es'ta lʲa 'kaχa?]

L'addition, s'il vous plaît.
La cuenta, por favor.
[lʲa ku'enta, por fa'βor]

Puis-je payer avec la carte?

¿Puedo pagar con tarjeta?
[pu'eðo pa'ɣar kon tar'χeta?]

Est-ce qu'il y a un distributeur ici?

¿Hay un cajero por aquí?
[aj un ka'χero por a'ki?]

Je cherche un distributeur.

Busco un cajero automático.
[nese'sito un ka'χero auto'matiko]

Je cherche un bureau de change.

Busco una oficina de cambio.
[busko 'una ofi'θina de 'kambjo]

Je voudrais changer …

Quisiera cambiar …
[ki'sjera kam'bjar …]

Quel est le taux de change?

¿Cuál es el tipo de cambio?
[ku'alʲ es elʲ 'tipo de 'kambjo?]

Avez-vous besoin de mon passeport?

¿Necesita mi pasaporte?
[neθe'sita mi pasa'porte?]

Le temps

Quelle heure est-il?	**¿Qué hora es?** [ke 'ora es?]
Quand?	**¿Cuándo?** [ku'ando?]
À quelle heure?	**¿A qué hora?** [a ke 'ora?]
maintenant | plus tard | après …	**ahora | luego | después de …** [a'ora | lʲu'eɣo | despu'es de …]

une heure	**la una** [lʲa 'una]
une heure et quart	**la una y cuarto** [lʲa 'una i ku'arto]
une heure et demie	**la una y medio** [lʲa 'una i 'meðjo]
deux heures moins quart	**las dos menos cuarto** [lʲa dos 'menos ku'arto]

un | deux | trois	**una | dos | tres** [una | dos | tres]
quatre | cinq | six	**cuatro | cinco | seis** [ku'atro | 'θiŋko | 'seis]
sept | huit | neuf	**siete | ocho | nueve** [sjete | 'otʃo | nu'eβe]
dix | onze | douze	**diez | once | doce** [djeθ | 'onθe | 'doθe]

dans …	**en …** [en …]
cinq minutes	**cinco minutos** [θiŋko mi'nutos]
dix minutes	**diez minutos** [ðjeθ mi'nutos]
quinze minutes	**quince minutos** [kinθe mi'nutos]
vingt minutes	**veinte minutos** [bejnte mi'nutos]
une demi-heure	**media hora** [meðja 'ora]
une heure	**una hora** [una 'ora]

dans la matinée	**por la mañana** [por lʲa ma'njana]
tôt le matin	**por la mañana temprano** [por lʲa ma'njana tem'prano]
ce matin	**esta mañana** [esta ma'njana]
demain matin	**mañana por la mañana** [ma'njana por lʲa ma'njana]

à midi	**al mediodía** [alʲ meðjo'ðia]
dans l'après-midi	**por la tarde** [por lʲa 'tarðe]
dans la soirée	**por la noche** [por lʲa 'notʃe]
ce soir	**esta noche** [esta 'notʃe]

la nuit	**por la noche** [por lʲa 'notʃe]
hier	**ayer** [a'jer]
aujourd'hui	**hoy** [oj]
demain	**mañana** [ma'njana]
après-demain	**pasado mañana** [pa'saðo ma'njana]

Quel jour sommes-nous aujourd'hui?	**¿Qué día es hoy?** [ke 'dia es oj?]
Nous sommes ...	**Es ...** [es ...]
lundi	**lunes** [lʲunes]
mardi	**martes** [martes]
mercredi	**miércoles** [mjerkoles]

jeudi	**jueves** [χu'eβes]
vendredi	**viernes** [bjernes]
samedi	**sábado** [saβaðo]
dimanche	**domingo** [do'mingo]

Salutations - Introductions

Bonjour.

Hola.
[ola]

Enchanté /Enchantée/

Encantado /Encantada/ de conocerle.
[eŋkan'taðo /eŋkan'taða/ de kono'θerle]

Moi aussi.

Yo también.
[jo tam'bjen]

Je voudrais vous présenter ...

Le presento a ...
[le pre'sento a ...]

Ravi de vous rencontrer.

Encantado /Encantada/.
[eŋkan'taðo /eŋkan'taða/]

Comment allez-vous?

¿Cómo está?
[komo es'ta?]

Je m'appelle ...

Me llamo ...
[me 'jamo ...]

Il s'appelle ...

Se llama ...
[se 'jama ...]

Elle s'appelle ...

Se llama ...
[se 'jama ...]

Comment vous appelez-vous?

¿Cómo se llama?
[komo se 'jama?]

Quel est son nom? (m)

¿Cómo se llama?
[komo se 'jama?]

Quel est son nom? (f)

¿Cómo se llama?
[komo se 'jama?]

Quel est votre nom de famille?

¿Cuál es su apellido?
[ku'alʲ es su ape'jiðo?]

Vous pouvez m'appeler ...

Puede llamarme ...
[pu'eðo ja'marme ...]

D'où êtes-vous?

¿De dónde es usted?
[de 'donde es us'te?]

Je suis de ...

Yo soy de ....
[jo soj de ...]

Qu'est-ce que vous faites dans la vie?

¿A qué se dedica?
[a ke se de'ðika?]

Qui est-ce?

¿Quién es?
[kjen es?]

Qui est-il?

¿Quién es él?
[kjen es elʲ?]

Qui est-elle?

¿Quién es ella?
[kjen es 'eja?]

Qui sont-ils?

¿Quiénes son?
[kjenes son?]

C'est …	**Este /Esta/ es …** [este /'esta/ es …]
mon ami	**mi amigo** [mi a'miɣo]
mon amie	**mi amiga** [mi a'miɣa]
mon mari	**mi marido** [mi ma'riðo]
ma femme	**mi mujer** [mi mu'χer]
mon père	**mi padre** [mi 'paðre]
ma mère	**mi madre** [mi 'maðre]
mon frère	**mi hermano** [mi er'mano]
ma sœur	**mi hermana** [mi er'mana]
mon fils	**mi hijo** [mi 'iχo]
ma fille	**mi hija** [mi 'iχa]
C'est notre fils.	**Este es nuestro hijo.** [este es nu'estro 'iχo]
C'est notre fille.	**Esta es nuestra hija.** [esta es nu'estra 'iχa]
Ce sont mes enfants.	**Estos son mis hijos.** [estos son mis 'iχos]
Ce sont nos enfants.	**Estos son nuestros hijos.** [estos son nu'estros 'iχos]

Les adieux

Au revoir!	**¡Adiós!** [a'ðjos!]
Salut!	**¡Chau!** ['tʃau!]
À demain.	**Hasta mañana.** [asta ma'njana]
À bientôt.	**Hasta pronto.** [asta 'pronto]
On se revoit à sept heures.	**Te veo a las siete.** [te 'beo a las 'sjete]
Amusez-vous bien!	**¡Que se diviertan!** [ke se di'βjertan!]
On se voit plus tard.	**Hablamos más tarde.** [a'βlamos mas 'tarðe]
Bonne fin de semaine.	**Que tengas un buen fin de semana.** [ke 'tengas un bu'en fin de se'mana]
Bonne nuit.	**Buenas noches.** [bu'enas 'notʃes]
Il est l'heure que je parte.	**Es hora de irme.** [es 'ora de 'irme]
Je dois m'en aller.	**Tengo que irme.** [tengo ke 'irme]
Je reviens tout de suite.	**Ahora vuelvo.** [a'ora bu'elʲβo]
Il est tard.	**Es tarde.** [es 'tarðe]
Je dois me lever tôt.	**Tengo que levantarme temprano.** [tengo ke leβan'tarme tem'prano]
Je pars demain.	**Me voy mañana.** [me boj ma'njana]
Nous partons demain.	**Nos vamos mañana.** [nos 'bamos ma'njana]
Bon voyage!	**¡Que tenga un buen viaje!** [ke 'tenga un bu'en 'bjaχe!]
Enchanté de faire votre connaissance.	**Ha sido un placer.** [a 'siðo um pla'θer]
Heureux /Heureuse/ d'avoir parlé avec vous.	**Fue un placer hablar con usted.** [fue un pla'θer a'βlar kon us'te]
Merci pour tout.	**Gracias por todo.** [graθjas por 'toðo]

Je me suis vraiment amusé /amusée/	**Lo he pasado muy bien.** [lo e pa'saðo muj bjen]
Nous nous sommes vraiment amusés /amusées/	**Lo pasamos muy bien.** [lo pa'samos muj bjen]
C'était vraiment plaisant.	**Fue genial.** [fue χe'njalʲ]
Vous allez me manquer.	**Le voy a echar de menos.** [le boj a e'ʧar de 'menos]
Vous allez nous manquer.	**Le vamos a echar de menos.** [le 'bamos a e'ʧar de 'menos]

Bonne chance!	**¡Suerte!** [su'erte!]
Mes salutations à …	**Saludos a …** [salʲu'ðos a …]

Une langue étrangère

Je ne comprends pas.	**No entiendo.** [no en'tjendo]
Écrivez-le, s'il vous plaît.	**Escríbalo, por favor.** [es'kriβalo, por fa'βor]
Parlez-vous ...?	**¿Habla usted ...?** [aβla us'te ...?]

Je parle un peu ...	**Hablo un poco de ...** [aβlo um 'poko de ...]
anglais	**inglés** [in'gles]
turc	**turco** [turko]
arabe	**árabe** [araβe]
français	**francés** [fran'θes]

allemand	**alemán** [ale'man]
italien	**italiano** [ita'ljano]
espagnol	**español** [espa'njol]
portugais	**portugués** [portu'ɣes]
chinois	**chino** [ʧino]
japonais	**japonés** [xapo'nes]

Pouvez-vous le répéter, s'il vous plaît.	**¿Puede repetirlo, por favor?** [pu'eðe repe'tirlo, por fa'βor?]
Je comprends.	**Lo entiendo.** [lo en'tjendo]
Je ne comprends pas.	**No entiendo.** [no en'tjendo]
Parlez plus lentement, s'il vous plaît.	**Hable más despacio, por favor.** [aβle mas des'paθjo, por fa'βor]

Est-ce que c'est correct?	**¿Está bien?** [es'ta bjen?]
Qu'est-ce que c'est?	**¿Qué es esto?** [ke es 'esto?]

Les excuses

Excusez-moi, s'il vous plaît.	**Perdone, por favor.** [per'ðone, por fa'βor]
Je suis désolé /désolée/	**Lo siento.** [lo 'sjento]
Je suis vraiment /désolée/	**Lo siento mucho.** [lo 'sjento 'mutʃo]
Désolé /Désolée/, c'est ma faute.	**Perdón, fue culpa mía.** [per'ðon, 'fue 'kulˈpa 'mia]
Au temps pour moi.	**Culpa mía.** [kulˈpa 'mia]

Puis-je … ?	**¿Puedo …?** [pu'eðo …?]
Ça vous dérange si je …?	**¿Le molesta si …?** [le mo'lesta si …?]
Ce n'est pas grave.	**¡No hay problema!** [no aj pro'βlema]
Ça va.	**Todo está bien.** [toðo es'ta bjen]
Ne vous inquiétez pas.	**No se preocupe.** [no se preo'kupe]

Les accords

Oui
Sí.
[si]

Oui, bien sûr.
Sí, claro.
[si, 'klaro]

Bien.
Bien.
[bjen]

Très bien.
Muy bien.
[muj bjen]

Bien sûr!
¡Claro que sí!
[klaro ke 'si!]

Je suis d'accord.
Estoy de acuerdo.
[es'toj de aku'erðo]

C'est correct.
Es verdad.
[es ber'ðað]

C'est exact.
Es correcto.
[es ko'rekto]

Vous avez raison.
Tiene razón.
[tjene ra'θon]

Je ne suis pas contre.
No me molesta.
[no me mo'lesta]

Tout à fait correct.
Es completamente cierto.
[es kompleta'mente 'θjerto]

C'est possible.
Es posible.
[es po'siβle]

C'est une bonne idée.
Es una buena idea.
[es 'una bu'ena i'ðea]

Je ne peux pas dire non.
No puedo decir que no.
[no pu'eðo deθ'ir ke no]

J'en serai ravi /ravie/
Estaré encantado /encantada/.
[esta're eŋkan'taðo /eŋkan'taða/]

Avec plaisir.
Será un placer.
[se'ra un pla'θer]

Refus, exprimer le doute

Non

No.
[no]

Absolument pas.

Claro que no.
[kl'aro ke no]

Je ne suis pas d'accord.

No estoy de acuerdo.
[no es'toj de aku'erðo]

Je ne le crois pas.

No lo creo.
[no lo 'kreo]

Ce n'est pas vrai.

No es verdad.
[no es ber'ðað]

Vous avez tort.

No tiene razón.
[no 'tjene ra'θon]

Je pense que vous avez tort.

Creo que no tiene razón.
[kreo ke no 'tjene ra'θon]

Je ne suis pas sûr /sûre/

No estoy seguro /segura/.
[no es'toj se'ɣuro /se'ɣura/]

C'est impossible.

No es posible.
[no es po'siβle]

Pas du tout!

¡Nada de eso!
[naða de 'eso!]

Au contraire!

Justo lo contrario.
[χusto lo kon'trarjo!]

Je suis contre.

Estoy en contra.
[es'toj en 'kontra]

Ça m'est égal.

No me importa.
[no me im'porta]

Je n'ai aucune idée.

No tengo ni idea.
[no 'tengo ni i'ðea]

Je doute que cela soit ainsi.

Dudo que sea así.
[duðo ke 'sea a'si]

Désolé /Désolée/, je ne peux pas.

Lo siento, no puedo.
[lo 'sjento, no pu'eðo]

Désolé /Désolée/, je ne veux pas.

Lo siento, no quiero.
[lo 'sjento, no 'kjero]

Merci, mais ça ne m'intéresse pas.

Gracias, pero no lo necesito.
[graθjas, 'pero no lo neθe'sito]

Il se fait tard.

Ya es tarde.
[ja es 'tarðe]

Je dois me lever tôt.

Tengo que levantarme temprano.
[tengo ke leβan'tarme tem'prano]

Je ne me sens pas bien.

Me encuentro mal.
[me eŋku'entro malʲ]

Exprimer la gratitude

Merci.	**Gracias.** [graθjas]
Merci beaucoup.	**Muchas gracias.** [muʧas 'graθjas]
Je l'apprécie beaucoup.	**De verdad lo aprecio.** [ðe ber'ðað lo a'preθjo]
Je vous suis très reconnaissant.	**Se lo agradezco.** [se lo aɣra'ðeθko]
Nous vous sommes très reconnaissant.	**Se lo agradecemos.** [se lo aɣraðe'θemos]

Merci pour votre temps.	**Gracias por su tiempo.** [graθjas por su 'tjempo]
Merci pour tout.	**Gracias por todo.** [graθjas por 'toðo]
Merci pour …	**Gracias por …** [graθjas por …]
votre aide	**su ayuda** [su a'juða]
les bons moments passés	**tan agradable momento** [tan aɣra'ðaβle mo'mento]

un repas merveilleux	**una comida estupenda** [una ko'miða estu'penda]
cette agréable soirée	**una velada tan agradable** [una be'laða tan aɣra'ðaβle]
cette merveilleuse journée	**un día maravilloso** [un 'dia maraβi'joso]
une excursion extraordinaire	**un viaje increíble** [un 'bjaχe iŋkre'iβle]

Il n'y a pas de quoi.	**No hay de qué.** [no aj de 'ke]
Vous êtes les bienvenus.	**De nada.** [ðe 'naða]
Mon plaisir.	**Siempre a su disposición.** [sjempre a su dispozi'θjon]
J'ai été heureux /heureuse/ de vous aider.	**Encantado /Encantada/ de ayudarle.** [eŋkan'taðo /eŋkan'taða/ de aju'ðarle]
Ça va. N'y pensez plus.	**No hay de qué.** [no aj de 'ke]
Ne vous inquiétez pas.	**No tiene importancia.** [no 'tjene impor'tanθja]

Félicitations. Vœux de fête

Félicitations!	**¡Felicidades!** [feliθi'ðaðes!]
Joyeux anniversaire!	**¡Feliz Cumpleaños!** [fe'liθ kumple'anjos!]
Joyeux Noël!	**¡Feliz Navidad!** [fe'liθ naβi'ðað!]
Bonne Année!	**¡Feliz Año Nuevo!** [fe'liθ 'anjo nu'eβo!]

Joyeuses Pâques!	**¡Felices Pascuas!** [fe'liθes 'paskuas!]
Joyeux Hanoukka!	**¡Feliz Janucá!** [fe'liθ χanu'ka!]

Je voudrais proposer un toast.	**Quiero brindar.** [kjero brin'dar]
Santé!	**¡Salud!** [sa'lʲuð]
Buvons à …!	**¡Brindemos por …!** [brin'demos por …!]
À notre succès!	**¡A nuestro éxito!** [a nu'estro 'eksito!]
À votre succès!	**¡A su éxito!** [a su 'eksito!]

Bonne chance!	**¡Suerte!** [su'erte!]
Bonne journée!	**¡Que tenga un buen día!** [ke 'tenga un bu'en 'dia!]
Passez de bonnes vacances !	**¡Que tenga unas buenas vacaciones!** [ke 'tengas 'unas bu'enas baka'θjones!]
Bon voyage!	**¡Que tenga un buen viaje!** [ke 'tenga un bu'en 'bjaχe!]
Rétablissez-vous vite.	**¡Espero que se recupere pronto!** [es'pero ke se reku'pere 'pronto!]

Socialiser

Pourquoi êtes-vous si triste?	**¿Por qué está triste?** [por 'ke es'ta 'triste?]
Souriez!	**¡Sonría! ¡Anímese!** [son'rial a'nimese!]
Êtes-vous libre ce soir?	**¿Está libre esta noche?** [es'ta 'liβre 'esta 'notʃe?]
Puis-je vous offrir un verre?	**¿Puedo ofrecerle algo de beber?** [pu'eðo ofre'θerle 'alʲɣo de be'βer?]
Voulez-vous danser?	**¿Querría bailar conmigo?** [ker'ia baj'lar kon'miɣo?]
Et si on va au cinéma?	**Vamos a ir al cine.** [bamos a ir alʲ θ'ine]
Puis-je vous inviter ...	**¿Puedo invitarle a ...?** [pu'eðo imbi'tarle a ...?]
au restaurant	**un restaurante** [un restau'rante]
au cinéma	**el cine** [elʲ 'θine]
au théâtre	**el teatro** [elʲ te'atro]
pour une promenade	**dar una vuelta** [ðar 'una bu'elʲta]
À quelle heure?	**¿A qué hora?** [a ke 'ora?]
ce soir	**esta noche** [esta 'notʃe]
à six heures	**a las seis** [a las 'seis]
à sept heures	**a las siete** [a las 'sjete]
à huit heures	**a las ocho** [a las 'otʃo]
à neuf heures	**a las nueve** [a las nu'eβe]
Est-ce que vous aimez cet endroit?	**¿Le gusta este lugar?** [le 'gusta 'este lʲu'ɣar?]
Êtes-vous ici avec quelqu'un?	**¿Está aquí con alguien?** [es'ta a'ki kon 'alʲɣjen?]
Je suis avec mon ami.	**Estoy con mi amigo /amiga/.** [es'toj kon mi a'miɣo /a'miɣa/]

Je suis avec mes amis.

Estoy con amigos.
[es'toj kon a'miɣos]

Non, je suis seul /seule/

No, estoy solo /sola/.
[no, es'toj 'solo /'sola/]

As-tu un copain?

¿Tienes novio?
[tjenes 'noβjo?]

J'ai un copain.

Tengo novio.
[tengo 'noβjo]

As-tu une copine?

¿Tienes novia?
[tjenes 'noβja?]

J'ai une copine.

Tengo novia.
[tengo 'noβja]

Est-ce que je peux te revoir?

¿Te puedo volver a ver?
[te pu'eðo bolʲβ'er a ber?]

Est-ce que je peux t'appeler?

¿Te puedo llamar?
[te pu'eðo ja'mar?]

Appelle-moi.

Llámame.
[jamame]

Quel est ton numéro?

¿Cuál es tu número?
[ku'alʲ es tu 'numero?]

Tu me manques.

Te echo de menos.
[te 'etʃo de 'menos]

Vous avez un très beau nom.

¡Qué nombre tan bonito!
[ke 'nombre tan bo'nito]

Je t'aime.

Te quiero.
[te 'kjero]

Veux-tu te marier avec moi?

¿Te casarías conmigo?
[te kasa'rias kon'miɣo?]

Vous plaisantez!

¡Está de broma!
[es'ta de 'broma!]

Je plaisante.

Sólo estoy bromeando.
[solo es'toj brome'ando]

Êtes-vous sérieux /sérieuse/?

¿En serio?
[en 'serjo?]

Je suis sérieux /sérieuse/

Lo digo en serio.
[lo 'diɣo en 'serjo]

Vraiment?!

¿De verdad?
[ðe ber'ðað?]

C'est incroyable!

¡Es increíble!
[es iŋkre'iβle!]

Je ne vous crois pas.

No le creo.
[no le 'kreo]

Je ne peux pas.

No puedo.
[no pu'eðo]

Je ne sais pas.

No lo sé.
[no lo 'se]

Je ne vous comprends pas

No le entiendo.
[no le en'tjendo]

Laissez-moi! Allez-vous-en!	**Váyase, por favor.** [bajase, por fa'βor]
Laissez-moi tranquille!	**¡Déjeme en paz!** [ðeχeme en paθ!]

Je ne le supporte pas.	**Es inaguantable.** [es inaɣuan'taβle]
Vous êtes dégoûtant!	**¡Es un asqueroso!** [es un aske'roso!]
Je vais appeler la police!	**¡Llamaré a la policía!** [jama're a ⁱa poli'sia!]

Partager des impressions. Émotions

J'aime ça. | **Me gusta.**
[me 'gusta]

C'est gentil. | **Muy lindo.**
[muj 'lindo]

C'est super! | **¡Es genial!**
[es χe'njalʲ]

C'est assez bien. | **No está mal.**
[no es'ta malʲ]

Je n'aime pas ça. | **No me gusta.**
[no me 'gusta]

Ce n'est pas bien. | **No está bien.**
[no es'ta bjen]

C'est mauvais. | **Está mal.**
[es'ta malʲ]

Ce n'est pas bien du tout. | **Está muy mal.**
[es'ta muj malʲ]

C'est dégoûtant. | **¡Qué asco!**
[ke 'asko]

Je suis content /contente/ | **Estoy feliz.**
[es'toj fe'liθ]

Je suis heureux /heureuse/ | **Estoy contento /contenta/.**
[es'toj kon'tento /kon'tenta/]

Je suis amoureux /amoureuse/ | **Estoy enamorado /enamorada/.**
[es'toj enamo'raðo /enamo'raða/]

Je suis calme. | **Estoy tranquilo /tranquila/.**
[es'toj traŋ'kilo /traŋ'kila/]

Je m'ennuie. | **Estoy aburrido /aburrida/.**
[es'toj aβu'riðo /aβu'riða/]

Je suis fatigué /fatiguée/ | **Estoy cansado /cansada/.**
[es'toj kan'saðo /kan'saða/]

Je suis triste. | **Estoy triste.**
[es'toj 'triste]

J'ai peur. | **Estoy asustado /asustada/.**
[es'toj asus'taðo /asus'taða/]

Je suis fâché /fâchée/ | **Estoy enfadado /enfadada/.**
[es'toj eɱfa'ðaðo /eɱfa'ðaða/]

Je suis inquiet /inquiète/ | **Estoy preocupado /preocupada/.**
[es'toj preoku'paðo /preoku'paða/]

Je suis nerveux /nerveuse/ | **Estoy nervioso /nerviosa/.**
[es'toj ner'βjoθo /ner'βjoθa/]

Je suis jaloux /jalouse/

Estoy celoso /celosa/.
[es'toj θe'loθo /θe'loθa/]

Je suis surpris /surprise/

Estoy sorprendido /sorprendida/.
[es'toj sorpren'diðo /sorpren'diða/]

Je suis gêné /gênée/

Estoy perplejo /perpleja/.
[es'toj per'pleχo /per'pleχa/]

Problèmes. Accidents

J'ai un problème.

Tengo un problema.
[tengo un pro'βlema]

Nous avons un problème.

Tenemos un problema.
[te'nemos un pro'βlema]

Je suis perdu /perdue/

Estoy perdido /perdida/.
[es'toj per'ðiðo /per'ðiða/]

J'ai manqué le dernier bus (train).

Perdi el último autobús (tren).
[perði elʲ 'ulʲtimo auto'βus (tren)]

Je n'ai plus d'argent.

No me queda más dinero.
[no me 'keða mas di'nero]

J'ai perdu mon …

He perdido …
[e per'ðiðo …]

On m'a volé mon …

Me han robado …
[me an ro'βaðo …]

passeport

mi pasaporte
[mi pasa'porte]

portefeuille

mi cartera
[mi kar'tera]

papiers

mis papeles
[mis pa'peles]

billet

mi billete
[mi bi'jete]

argent

mi dinero
[mi di'nero]

sac à main

mi bolso
[mi 'bolʲso]

appareil photo

mi cámara
[mi 'kamara]

portable

mi portátil
[mi por'tatilʲ]

ma tablette

mi tableta
[mi ta'βleta]

mobile

mi teléfono
[mi te'lefono]

Au secours!

¡Ayúdeme!
[a'juðeme!]

Qu'est-il arrivé?

¿Qué pasó?
[ke pa'so?]

un incendie

el incendio
[elʲ in'θendjo]

des coups de feu

un tiroteo
[un tiro'teo]

un meurtre	**el asesinato** [elʲ asesi'nato]
une explosion	**una explosión** [una ekslo'sjon]
une bagarre	**una pelea** [una pe'lea]

Appelez la police!	**¡Llame a la policía!** [jame a lʲa poli'sia!]
Dépêchez-vous, s'il vous plaît!	**¡Más rápido, por favor!** [mas 'rapiðo, por fa'βor!]
Je cherche le commissariat de police.	**Busco la comisaría.** [busko lʲa komisa'ria]
Il me faut faire un appel.	**Tengo que hacer una llamada.** [tengo ke a'θer 'una ja'maða]
Puis-je utiliser votre téléphone?	**¿Puedo usar su teléfono?** [pu'eðo u'sar su te'lefono?]

J'ai été ...	**Me han ...** [me an ...]
agressé /agressée/	**asaltado /asaltada/** [asalʲ'taðo /asalʲ'taða/]
volé /volée/	**robado /robada/** [ro'βaðo /ro'βaða/]
violée	**violada** [bio'laða]
attaqué /attaquée/	**atacado /atacada/** [ata'kaðo /ata'kaða/]

Est-ce que ça va?	**¿Se encuentra bien?** [se eŋku'entra bjen?]
Avez-vous vu qui c'était?	**¿Ha visto quien a sido?** [a 'bisto kjen a 'siðo?]
Pourriez-vous reconnaître cette personne?	**¿Sería capaz de reconocer a la persona?** [se'ria ka'paθ de rekono'θer a lʲa per'sona?]
Vous êtes sûr?	**¿Está usted seguro?** [es'ta us'te se'ɣuro?]

Calmez-vous, s'il vous plaît.	**Por favor, cálmese.** [por fa'βor, 'kalʲmese]
Calmez-vous!	**¡Cálmese!** [kalʲmese!]
Ne vous inquiétez pas.	**¡No se preocupe!** [no se preo'kupe!]
Tout ira bien.	**Todo irá bien.** [toðo i'ra bjen]
Ça va. Tout va bien.	**Todo está bien.** [toðo es'ta bjen]
Venez ici, s'il vous plaît.	**Venga aquí, por favor.** [benga a'ki, por fa'βor]

J'ai des questions à vous poser.	**Tengo unas preguntas para usted.** [tengo 'unas pre'ɣuntas 'para us'te]
Attendez un moment, s'il vous plaît.	**Espere un momento, por favor.** [es'pere un mo'mento, por fa'βor]
Avez-vous une carte d'identité?	**¿Tiene un documento de identidad?** [tjene un doku'mento de iðenti'ðað?]
Merci. Vous pouvez partir maintenant.	**Gracias. Puede irse ahora.** [graθjas. pu'eðe 'irse a'ora]
Les mains derrière la tête!	**¡Manos detrás de la cabeza!** [manos de'tras de lˈa ka'βeθa!]
Vous êtes arrêté!	**¡Está arrestado /arrestada/!** [es'ta ares'taðo /ares'taða/!]

Problèmes de santé

Aidez-moi, s'il vous plaît.
Ayudeme, por favor.
[a'juðeme, por fa'βor]

Je ne me sens pas bien.
No me encuentro bien.
[no me eŋku'entro bjen]

Mon mari ne se sent pas bien.
Mi marido no se encuentra bien.
[mi ma'riðo no se eŋku'entra bjen]

Mon fils …
Mi hijo …
[mi 'iχo …]

Mon père …
Mi padre …
[mi 'paðre …]

Ma femme ne se sent pas bien.
Mi mujer no se encuentra bien.
[mi mu'χer no se eŋku'entra bjen]

Ma fille …
Mi hija …
[mi 'iχa …]

Ma mère …
Mi madre …
[mi 'maðre …]

J'ai mal …
Me duele …
[me du'ele …]

à la tête
la cabeza
[lʲa ka'βeθa]

à la gorge
la garganta
[lʲa gar'ɣanta]

à l'estomac
el estómago
[elʲ es'tomaɣo]

aux dents
un diente
[un 'djente]

J'ai le vertige.
Estoy mareado.
[es'toj mare'aðo]

Il a de la fièvre.
Él tiene fiebre.
[elʲ 'tjene 'fjeβre]

Elle a de la fièvre.
Ella tiene fiebre.
[eja 'tjene 'fjeβre]

Je ne peux pas respirer.
No puedo respirar.
[no pu'eðo respi'rar]

J'ai du mal à respirer.
Me ahogo.
[me a'oɣo]

Je suis asthmatique.
Tengo asma.
[tengo 'asma]

Je suis diabétique.
Tengo diabetes.
[tengo dja'βetes]

Je ne peux pas dormir.	**No puedo dormir.** [no pu'eðo dor'mir]
intoxication alimentaire	**intoxicación alimentaria** [intoksika'θjon alimen'tarja]

Ça fait mal ici.	**Me duele aquí.** [me du'ele a'ki]
Aidez-moi!	**¡Ayúdeme!** [a'juðeme!]
Je suis ici!	**¡Estoy aquí!** [es'toj a'ki!]
Nous sommes ici!	**¡Estamos aquí!** [es'tamos a'ki!]
Sortez-moi d'ici!	**¡Saquenme de aquí!** [sa'kenme de a'ki!]
J'ai besoin d'un docteur.	**Necesito un médico.** [neθe'sito un 'meðiko]
Je ne peux pas bouger!	**No me puedo mover.** [no me pu'eðo mo'βer]
Je ne peux pas bouger mes jambes.	**No puedo mover mis piernas.** [no pu'eðo mo'βer mis 'pjernas]

Je suis blessé /blessée/	**Tengo una herida.** [tengo 'una e'riða]
Est-ce que c'est sérieux?	**¿Es grave?** [es 'graβe?]
Mes papiers sont dans ma poche.	**Mis documentos están en mi bolsillo.** [mis doku'mentos es'tan en mi bol'sijo]
Calmez-vous!	**¡Cálmese!** [kalʲmese!]
Puis-je utiliser votre téléphone?	**¿Puedo usar su teléfono?** [pu'eðo u'sar su te'lefono?]

Appelez une ambulance!	**¡Llame a la ambulancia!** [jame a la ambu'lanθja!]
C'est urgent!	**¡Es urgente!** [es ur'xente!]
C'est une urgence!	**¡Es una emergencia!** [es 'una emer'xenθja!]
Dépêchez-vous, s'il vous plaît!	**¡Más rápido, por favor!** [mas 'rapiðo, por fa'βor!]
Appelez le docteur, s'il vous plaît.	**¿Puede llamar a un médico, por favor?** [pu'eðe ja'mar a un 'meðiko, por fa'βor?]
Où est l'hôpital?	**¿Dónde está el hospital?** [donde es'ta elʲ ospi'talʲ?]

Comment vous sentez-vous?	**¿Cómo se siente?** [komo se 'sjente?]
Est-ce que ça va?	**¿Se encuentra bien?** [se eŋku'entra bjen?]

Qu'est-il arrivé?

¿Qué pasó?
[ke pa'so?]

Je me sens mieux maintenant.

Me encuentro mejor.
[me eŋku'entro me'χor]

Ça va. Tout va bien.

Está bien.
[es'ta bjen]

Ça va.

Todo está bien.
[toðo es'ta bjen]

À la pharmacie

pharmacie	**la farmacia** [lʲa farˈmaθja]
pharmacie 24 heures	**la farmacia 24 (veinte cuatro) horas** [lʲa farˈmaθja ˈbejnte kuˈatro ˈoras]
Où se trouve la pharmacie la plus proche?	**¿Dónde está la farmacia más cercana?** [donde esˈta lʲa farˈmaθja mas θerˈkana?]
Est-elle ouverte en ce moment?	**¿Está abierta ahora?** [esˈta aˈβjerta aˈora?]
À quelle heure ouvre-t-elle?	**¿A qué hora abre?** [a ke ˈora ˈaβre?]
à quelle heure ferme-t-elle?	**¿A qué hora cierra?** [a ke ˈora ˈθjera?]
C'est loin?	**¿Está lejos?** [esˈta ˈleχos?]
Est-ce que je peux y aller à pied?	**¿Puedo llegar a pie?** [puˈeðo jeˈɣar a pje?]
Pouvez-vous me le montrer sur la carte?	**¿Puede mostrarme en el mapa?** [puˈeðe mosˈtrarme en elʲ ˈmapa?]
Pouvez-vous me donner quelque chose contre …	**Por favor, deme algo para …** [por faˈβor, ˈdeme ˈalʲɣo ˈpara …]
le mal de tête	**un dolor de cabeza** [un doˈlor de kaˈβeθa]
la toux	**la tos** [lʲa tos]
le rhume	**el resfriado** [elʲ resfriˈaðo]
la grippe	**la gripe** [lʲa ˈgripe]
la fièvre	**la fiebre** [lʲa ˈfjeβre]
un mal d'estomac	**un dolor de estomago** [un doˈlor de esˈtomaɣo]
la nausée	**nauseas** [nauˈseas]
la diarrhée	**la diarrea** [lʲa djaˈrea]
la constipation	**el estreñimiento** [elʲ estrenjiˈmjento]

un mal de dos	**un dolor de espalda** [un do'lor de es'palʲda]
les douleurs de poitrine	**un dolor de pecho** [un do'lor de 'petʃo]
les points de côté	**el flato** [elʲ 'flato]
les douleurs abdominales	**un dolor abdominal** [un do'lor aβðomi'nalʲ]

une pilule	**la píldora** [lʲa 'pilʲðora]
un onguent, une crème	**la crema** [lʲa 'krema]
un sirop	**el jarabe** [elʲ χa'raβe]
un spray	**el spray** [elʲ spraj]
les gouttes	**las gotas** [lʲas 'gotas]

Vous devez allez à l'hôpital.	**Tiene que ir al hospital.** [tjene ke ir alʲ ospi'talʲ]
assurance maladie	**el seguro de salud** [se'ɣuro de sa'lʲuð]
prescription	**la receta** [re'θeta]
produit anti-insecte	**el repelente de insectos** [el repe'lente de in'sektos]
bandages adhésifs	**la curita** [lʲa ku'rita]

Les essentiels

Excusez-moi, …
Perdone, …
[per'ðone, …]

Bonjour
Hola.
[ola]

Merci
Gracias.
[graθjas]

Au revoir
Adiós.
[a'ðjos]

Oui
Sí.
[si]

Non
No.
[no]

Je ne sais pas.
No lo sé.
[no lo 'se]

Où? (~ es-tu?) | Où? (~ vas-tu?) | Quand?
¿Dónde? | ¿A dónde? | ¿Cuándo?
[donde? | a 'donde? | ku'ando?]

J'ai besoin de …
Necesito …
[neθe'sito …]

Je veux …
Quiero …
[kjero …]

Avez-vous … ?
¿Tiene …?
[tjene …?]

Est-ce qu'il y a … ici?
¿Hay … por aquí?
[aj … por a'ki?]

Puis-je … ?
¿Puedo …?
[pu'eðo …?]

s'il vous plaît (pour une demande)
…, por favor
[…, por fa'βor]

Je cherche …
Busco …
[busko …]

les toilettes
el servicio
[elʲ ser'βiθjo]

un distributeur
un cajero
[un ka'χero]

une pharmacie
una farmacia
[una far'maθja]

l'hôpital
el hospital
[elʲ ospi'talʲ]

le commissariat de police
la comisaría
[lʲa komisa'ria]

une station de métro
el metro
[elʲ 'metro]

un taxi	**un taxi** [un 'taksi]
la gare	**la estación de tren** [lʲa esta'θjon de tren]

Je m'appelle …	**Me llamo …** [me 'jamo …]
Comment vous appelez-vous?	**¿Cómo se llama?** [komo se 'jama?]
Aidez-moi, s'il vous plaît.	**¿Puede ayudarme, por favor?** [pu'eðe aju'ðarme, por fa'βor?]
J'ai un problème.	**Tengo un problema.** [tengo un pro'βlema]
Je ne me sens pas bien.	**Me encuentro mal.** [me eŋku'entro malʲ]
Appelez une ambulance!	**¡Llame a la ambulancia!** [jame a la ambu'lanθja!]
Puis-je faire un appel?	**¿Puedo llamar, por favor?** [pu'eðo ja'mar, por fa'βor?]

Excusez-moi.	**Lo siento.** [lo 'sjento]
Je vous en prie.	**De nada.** [ðe 'naða]

je, moi	**Yo** [jo]
tu, toi	**tú** [tu]
il	**él** [elʲ]
elle	**ella** [eja]
ils	**ellos** [ejos]
elles	**ellas** [ejas]
nous	**nosotros** [no'sotros]
vous	**ustedes | vosotros** [us'teðes | bo'sotros]
Vous	**usted** [us'teð]

ENTRÉE	**ENTRADA** [en'traða]
SORTIE	**SALIDA** [sa'liða]
HORS SERVICE | EN PANNE	**FUERA DE SERVICIO** [fu'era de ser'βiθjo]
FERMÉ	**CERRADO** [θe'raðo]

OUVERT

ABIERTO
[a'βjerto]

POUR LES FEMMES

PARA SEÑORAS
[para se'njoras]

POUR LES HOMMES

PARA CABALLEROS
[para kaβa'jeros]

MINI DICTIONNAIRE

Cette section contient
250 mots, utiles nécessaires
à la communication
quotidienne.
Vous y trouverez le nom
des mois et des jours.
Le dictionnaire contient
aussi des sujets aussi variés
que les couleurs, les unités
de mesure, la famille et plus

T&P Books Publishing

CONTENU DU DICTIONNAIRE

1. Le temps. Le calendrier   75
2. Nombres. Adjectifs numéraux   76
3. L'être humain. La famille   77
4. Le corps humain. L'anatomie   78
5. Les vêtements. Les accessoires personnels   79
6. La maison. L'appartement   80

T&P Books Publishing

1. Le temps. Le calendrier

temps (m)	**tiempo** (m)	['tjempo]
heure (f)	**hora** (f)	['ora]
demi-heure (f)	**media hora** (f)	['meðja 'ora]
minute (f)	**minuto** (m)	[mi'nuto]
seconde (f)	**segundo** (m)	[se'ɣundo]
aujourd'hui (adv)	**hoy** (adv)	[oj]
demain (adv)	**mañana** (adv)	[ma'njana]
hier (adv)	**ayer** (adv)	[a'jer]
lundi (m)	**lunes** (m)	['lʲunes]
mardi (m)	**martes** (m)	['martes]
mercredi (m)	**miércoles** (m)	['mjerkoles]
jeudi (m)	**jueves** (m)	[χu'eβes]
vendredi (m)	**viernes** (m)	['bjernes]
samedi (m)	**sábado** (m)	['saβaðo]
dimanche (m)	**domingo** (m)	[do'mingo]
jour (m)	**día** (m)	['dia]
jour (m) ouvrable	**día** (m) **de trabajo**	['dia de tra'βaχo]
jour (m) férié	**día** (m) **de fiesta**	['dia de 'fjesta]
week-end (m)	**fin** (m) **de semana**	['fin de se'mana]
semaine (f)	**semana** (f)	[se'mana]
la semaine dernière	**semana** (f) **pasada**	[se'mana pa'saða]
la semaine prochaine	**semana** (f) **que viene**	[se'mana ke 'bjene]
le matin	**por la mañana**	[por lʲa ma'njana]
dans l'après-midi	**por la tarde**	[por lʲa 'tarðe]
le soir	**por la noche**	[por lʲa 'notʃe]
ce soir	**esta noche**	['esta 'notʃe]
la nuit	**por la noche**	[por lʲa 'notʃe]
minuit (f)	**medianoche** (f)	['meðja'notʃe]
janvier (m)	**enero** (m)	[e'nero]
février (m)	**febrero** (m)	[fe'βrero]
mars (m)	**marzo** (m)	['marθo]
avril (m)	**abril** (m)	[a'βrilʲ]
mai (m)	**mayo** (m)	['majo]
juin (m)	**junio** (m)	['χunjo]
juillet (m)	**julio** (m)	['χuljo]
août (m)	**agosto** (m)	[a'ɣosto]

septembre (m)	**septiembre** (m)	[sep'tjembre]
octobre (m)	**octubre** (m)	[ok'tuβre]
novembre (m)	**noviembre** (m)	[no'βjembre]
décembre (m)	**diciembre** (m)	[di'θjembre]
au printemps	**en primavera**	[en prima'βera]
en été	**en verano**	[em be'rano]
en automne	**en otoño**	[en o'tonjo]
en hiver	**en invierno**	[en im'bjerno]
mois (m)	**mes** (m)	[mes]
saison (f)	**estación** (f)	[esta'θjon]
année (f)	**año** (m)	['anjo]

2. Nombres. Adjectifs numéraux

zéro	**cero**	['θero]
un	**uno**	['uno]
deux	**dos**	[dos]
trois	**tres**	[tres]
quatre	**cuatro**	[ku'atro]
cinq	**cinco**	['θiŋko]
six	**seis**	['sejs]
sept	**siete**	['sjete]
huit	**ocho**	['oʧo]
neuf	**nueve**	[nu'eβe]
dix	**diez**	[djeθ]
onze	**once**	['onθe]
douze	**doce**	['doθe]
treize	**trece**	['treθe]
quatorze	**catorce**	[ka'torθe]
quinze	**quince**	['kinθe]
seize	**dieciséis**	['djeθi·s'ejs]
dix-sept	**diecisiete**	['djeθi·'sjete]
dix-huit	**dieciocho**	['djeθi·'oʧo]
dix-neuf	**diecinueve**	['djeθi·nu'eβe]
vingt	**veinte**	['bejnte]
trente	**treinta**	['trejnta]
quarante	**cuarenta**	[kua'renta]
cinquante	**cincuenta**	[θiŋku'enta]
soixante	**sesenta**	[se'senta]
soixante-dix	**setenta**	[se'tenta]
quatre-vingts	**ochenta**	[o'ʧenta]
quatre-vingt-dix	**noventa**	[no'βenta]
cent	**cien**	[θjen]

deux cents	doscientos	[doθ·'θjentos]
trois cents	trescientos	[treθ·'θjentos]
quatre cents	cuatrocientos	[ku'atro·'θjentos]
cinq cents	quinientos	[ki'njentos]

six cents	seiscientos	[sejs·'θjentos]
sept cents	setecientos	[θete·'θjentos]
huit cents	ochocientos	[otʃo·'θjentos]
neuf cents	novecientos	[noβe·'θjentos]
mille	mil	[milʲ]

| dix mille | diez mil | ['djeθ 'milʲ] |
| cent mille | cien mil | ['θjen 'milʲ] |

| million (m) | millón (m) | [mi'jon] |
| milliard (m) | mil millones | [milʲ mi'jones] |

3. L'être humain. La famille

homme (m)	hombre (m)	['ombre]
jeune homme (m)	joven (m)	['χoβen]
femme (f)	mujer (f)	[mu'χer]
jeune fille (f)	muchacha (f)	[mu'tʃatʃa]
vieillard (m)	anciano (m)	[an'θjano]
vieille femme (f)	anciana (f)	[an'θjana]

mère (f)	madre (f)	['maðre]
père (m)	padre (m)	['paðre]
fils (m)	hijo (m)	['iχo]
fille (f)	hija (f)	['iχa]
frère (m)	hermano (m)	[er'mano]
sœur (f)	hermana (f)	[er'mana]

parents (m pl)	padres (m pl)	['paðres]
enfant (m, f)	niño (m), niña (f)	['ninjo], ['ninja]
enfants (pl)	niños (m pl)	['ninjos]
belle-mère (f)	madrastra (f)	[ma'ðrastra]
beau-père (m)	padrastro (m)	[pa'ðrastro]

grand-mère (f)	abuela (f)	[aβu'elʲa]
grand-père (m)	abuelo (m)	[aβu'elo]
petit-fils (m)	nieto (m)	['njeto]
petite-fille (f)	nieta (f)	['njeta]
petits-enfants (pl)	nietos (m pl)	['njetos]

oncle (m)	tío (m)	['tio]
tante (f)	tía (f)	['tia]
neveu (m)	sobrino (m)	[so'βrino]
nièce (f)	sobrina (f)	[so'βrina]
femme (f)	mujer (f)	[mu'χer]

mari (m)	**marido** (m)	[ma'riðo]
marié (adj)	**casado** (adj)	[ka'saðo]
mariée (adj)	**casada** (adj)	[ka'saða]
veuve (f)	**viuda** (f)	['bjuða]
veuf (m)	**viudo** (m)	['bjuðo]
prénom (m)	**nombre** (m)	['nombre]
nom (m) de famille	**apellido** (m)	[ape'jiðo]
parent (m)	**pariente** (m)	[pa'rjente]
ami (m)	**amigo** (m)	[a'miɣo]
amitié (f)	**amistad** (f)	[amis'tað]
partenaire (m)	**compañero** (m)	[kompa'njero]
supérieur (m)	**superior** (m)	[supe'rjor]
collègue (m, f)	**colega** (m, f)	[ko'leɣa]
voisins (m pl)	**vecinos** (m pl)	[be'θinos]

4. Le corps humain. L'anatomie

corps (m)	**cuerpo** (m)	[ku'erpo]
cœur (m)	**corazón** (m)	[kora'θon]
sang (m)	**sangre** (f)	['sangre]
cerveau (m)	**cerebro** (m)	[θe'reβro]
os (m)	**hueso** (m)	[u'eso]
colonne (f) vertébrale	**columna** (f) **vertebral**	[ko'lʲumna berte'βralʲ]
côte (f)	**costilla** (f)	[kos'tija]
poumons (m pl)	**pulmones** (m pl)	[pulʲ'mones]
peau (f)	**piel** (f)	[pjelʲ]
tête (f)	**cabeza** (f)	[ka'βeθa]
visage (m)	**cara** (f)	['kara]
nez (m)	**nariz** (f)	[na'riθ]
front (m)	**frente** (f)	['frente]
joue (f)	**mejilla** (f)	[me'ɣija]
bouche (f)	**boca** (f)	['boka]
langue (f)	**lengua** (f)	['lengua]
dent (f)	**diente** (m)	['djente]
lèvres (f pl)	**labios** (m pl)	['lʲaβjos]
menton (m)	**mentón** (m)	[men'ton]
oreille (f)	**oreja** (f)	[o'reχa]
cou (m)	**cuello** (m)	[ku'ejo]
œil (m)	**ojo** (m)	['oχo]
pupille (f)	**pupila** (f)	[pu'pilʲa]
sourcil (m)	**ceja** (f)	['θeχa]
cil (m)	**pestaña** (f)	[pes'tanja]
cheveux (m pl)	**pelo, cabello** (m)	['pelo], [ka'βejo]

coiffure (f)	**peinado** (m)	[pej'naðo]
moustache (f)	**bigote** (m)	[bi'ɣote]
barbe (f)	**barba** (f)	['barβa]
porter (~ la barbe)	**tener** (vt)	[te'ner]
chauve (adj)	**calvo** (adj)	['kalʲβo]

main (f)	**mano** (f)	['mano]
bras (m)	**brazo** (m)	['braθo]
doigt (m)	**dedo** (m)	['deðo]
ongle (m)	**uña** (f)	['unja]
paume (f)	**palma** (f)	['palʲma]

épaule (f)	**hombro** (m)	['ombro]
jambe (f)	**pierna** (f)	['pjerna]
genou (m)	**rodilla** (f)	[ro'ðija]
talon (m)	**talón** (m)	[ta'lon]
dos (m)	**espalda** (f)	[es'palʲða]

5. Les vêtements. Les accessoires personnels

vêtement (m)	**ropa** (f), **vestido** (m)	['ropa], [bes'tiðo]
manteau (m)	**abrigo** (m)	[a'βriɣo]
manteau (m) de fourrure	**abrigo** (m) **de piel**	[a'βriɣo de pjelʲ]
veste (f) (~ en cuir)	**cazadora** (f)	[kaθa'ðora]
imperméable (m)	**impermeable** (m)	[imperme'aβle]

chemise (f)	**camisa** (f)	[ka'misa]
pantalon (m)	**pantalones** (m pl)	[panta'lones]
veston (m)	**chaqueta** (f), **saco** (m)	[tʃa'keta], ['sako]
complet (m)	**traje** (m)	['traxe]

robe (f)	**vestido** (m)	[bes'tiðo]
jupe (f)	**falda** (f)	['falʲða]
tee-shirt (m)	**camiseta** (f)	[kami'seta]
peignoir (m) de bain	**bata** (f) **de baño**	['bata de 'banjo]
pyjama (m)	**pijama** (f)	[pi'xama]
tenue (f) de travail	**ropa** (f) **de trabajo**	['ropa de tra'βaxo]

sous-vêtements (m pl)	**ropa** (f) **interior**	['ropa inte'rjor]
chaussettes (f pl)	**calcetines** (m pl)	[kalʲθe'tines]
soutien-gorge (m)	**sostén** (m)	[sos'ten]
collants (m pl)	**pantimedias** (f pl)	[panti'meðjas]
bas (m pl)	**medias** (f pl)	['meðjas]
maillot (m) de bain	**traje** (m) **de baño**	['traxe de 'banjo]

chapeau (m)	**gorro** (m)	['goro]
chaussures (f pl)	**calzado** (m)	[kalʲ'θaðo]
bottes (f pl)	**botas** (f pl)	['botas]
talon (m)	**tacón** (m)	[ta'kon]
lacet (m)	**cordón** (m)	[kor'ðon]

cirage (m)	**betún** (m)	[be'tun]
gants (m pl)	**guantes** (m pl)	[gu'antes]
moufles (f pl)	**manoplas** (f pl)	[ma'noplʲas]
écharpe (f)	**bufanda** (f)	[bu'fanda]
lunettes (f pl)	**gafas** (f pl)	['gafas]
parapluie (m)	**paraguas** (m)	[pa'raɣuas]
cravate (f)	**corbata** (f)	[kor'βata]
mouchoir (m)	**moquero** (m)	[mo'kero]
peigne (m)	**peine** (m)	['pejne]
brosse (f) à cheveux	**cepillo** (m) **de pelo**	[θe'pijo de 'pelo]
boucle (f)	**hebilla** (f)	[e'βija]
ceinture (f)	**cinturón** (m)	[θintu'ron]
sac (m) à main	**bolso** (m)	['bolʲso]

6. La maison. L'appartement

appartement (m)	**apartamento** (m)	[aparta'mento]
chambre (f)	**habitación** (f)	[aβita'θjon]
chambre (f) à coucher	**dormitorio** (m)	[dormi'torjo]
salle (f) à manger	**comedor** (m)	[kome'ðor]
salon (m)	**salón** (m)	[sa'lon]
bureau (m)	**despacho** (m)	[des'patʃo]
antichambre (f)	**antecámara** (f)	[ante'kamara]
salle (f) de bains	**cuarto** (m) **de baño**	[ku'arto de 'banjo]
toilettes (f pl)	**servicio** (m)	[ser'βiθjo]
aspirateur (m)	**aspirador** (m)	[aspira'ðor]
balai (m) à franges	**fregona** (f)	[fre'ɣona]
torchon (m)	**trapo** (m)	['trapo]
balayette (f) de sorgho	**escoba** (f)	[es'koβa]
pelle (f) à ordures	**cogedor** (m)	[koχe'ðor]
meubles (m pl)	**muebles** (m pl)	[mu'eβles]
table (f)	**mesa** (f)	['mesa]
chaise (f)	**silla** (f)	['sija]
fauteuil (m)	**sillón** (m)	[si'jon]
miroir (m)	**espejo** (m)	[es'peχo]
tapis (m)	**tapiz** (m)	[ta'piθ]
cheminée (f)	**chimenea** (f)	[tʃime'nea]
rideaux (m pl)	**cortinas** (f pl)	[kor'tinas]
lampe (f) de table	**lámpara** (f) **de mesa**	['lʲampara de 'mesa]
lustre (m)	**lámpara** (f) **de araña**	['lʲampara de a'ranja]
cuisine (f)	**cocina** (f)	[ko'θina]
cuisinière (f) à gaz	**cocina** (f) **de gas**	[ko'θina de 'gas]
cuisinière (f) électrique	**cocina** (f) **eléctrica**	[ko'θina e'lektrika]

four (m) micro-ondes	**horno** (m) **microondas**	['orno mikro·'ondas]
réfrigérateur (m)	**frigorífico** (m)	[friɣo'rifiko]
congélateur (m)	**congelador** (m)	[konχelʲa'ðor]
lave-vaisselle (m)	**lavavajillas** (m)	['lʲaβa·βa'χijas]
robinet (m)	**grifo** (m)	['grifo]
hachoir (m) à viande	**picadora** (f) **de carne**	[pika'ðora de 'karne]
centrifugeuse (f)	**exprimidor** (m)	[eksprimi'ðor]
grille-pain (m)	**tostador** (m)	[tosta'ðor]
batteur (m)	**batidora** (f)	[bati'ðora]
machine (f) à café	**cafetera** (f)	[kafe'tera]
bouilloire (f)	**hervidor** (m) **de agua**	[erβi'ðor de 'aɣua]
théière (f)	**tetera** (f)	[te'tera]
téléviseur (m)	**televisor** (m)	[teleβi'sor]
magnétoscope (m)	**vídeo** (m)	['biðeo]
fer (m) à repasser	**plancha** (f)	['plʲantʃa]
téléphone (m)	**teléfono** (m)	[te'lefono]

www.ingramcontent.com/pod-product-compliance
Lightning Source LLC
Chambersburg PA
CBHW070839050426
42452CB00011B/2345